¿CÓMO APROVECHAR AL MÁXIMO EL RESTO DE MI VIDA?

NICKY GUMBEL

¿Cómo aprovechar al máximo el resto de mi vida?
Título original: *How Can I Make the Most of the Rest of My Life?*
Publicado por primera vez en 1993 como parte de *Alpha—Preguntas de la vida.*

© 1993 Nicky Gumbel

Traducción española © 2009 Alpha International, Holy Trinity Brompton, Brompton Road, Londres SW7 1JA, Reino Unido.

Esta edición ha sido publicada mediante un acuerdo especial con Kinsgway. Los derechos de autor de Nicky Gumbel están vigentes según lo dispuesto por la Ley de Patentes, Diseños y Derechos de Autor de 1988 (*Copyright, Designs and Patent Act* 1988).

Edición 2009, traducción de Jaime Álvarez Nistal revisada por Rosa María Leveritt-Santiváñez y José Alberto Barrera Marchessi.

Textos bíblicos tomados de la SANTA BIBLIA, NUEVA VERSIÓN INTERNACIONAL® NVI®. Derechos de autor © 1999, Sociedad Bíblica Internacional®. Usado con el permiso de la Sociedad Bíblica Internacional®. Todos los derechos reservados.

Ilustraciones de Charlie Mackesy

ISBN 978-1-934564-90-5

ÍNDICE

¿CÓMO APROVECHAR AL MÁXIMO EL RESTO DE MI VIDA?

Aunque quisiéramos vivir más veces, sólo vivimos una vez. D. H. Lawrence dijo: «Ojalá tuviéramos dos vidas: la primera para cometer errores [...] y la segunda para sacar provecho de ellos».[1] Pero en la vida no hay ensayos generales, nos encontramos sobre el escenario desde el principio.

Aunque hayamos cometido errores en el pasado, es posible, con la ayuda de Dios, sacarle partido al futuro. ¿Cómo podemos aprovechar al máximo el resto de nuestras vidas? Pablo nos dice cómo hacerlo en Romanos 12,1-2:

> Por lo tanto, hermanos, tomando en cuenta la misericordia de Dios, les ruego que cada uno de ustedes, en adoración espiritual, ofrezca su cuerpo como sacrificio vivo, santo y agradable a Dios. No se amolden al mundo actual, sino sean transformados mediante la renovación de su mente. Así podrán comprobar cuál es la voluntad de Dios, buena, agradable y perfecta.

¿Qué debemos hacer?

Romper con el pasado

Como cristianos, estamos llamados a ser diferentes del mundo que nos rodea. Pablo escribe: «No se amolden al mundo actual» (se refiere al mundo que excluye a Dios) o, como J. B. Phillips traduce este mismo versículo: «No dejen que el mundo que les rodea les aprisione en su propio molde». No es fácil resistir la presión que se ejerce sobre todos nosotros para que nos conformemos al mundo que nos rodea. Es muy difícil ser diferente.

Un joven agente de policía estaba haciendo el examen final en la Academia de Policía de Hendon, en el norte de Londres, y se encontró con la siguiente pregunta:

Imagínese que está usted patrullando en las afueras de Londres cuando tiene lugar una explosión en una cañería principal de gas a su paso por una calle cercana a donde usted se encuentra. Al llegar al lugar de la explosión, descubre que se ha abierto un cráter en la acera y que, a pocos metros de éste, hay una camioneta volcada. Dentro de la camioneta, hay un olor muy fuerte a alcohol. Los dos ocupantes —un hombre y una mujer— están heridos. Usted reconoce que la mujer es la esposa de su inspector de división, que se encuentra en ese momento en los Estados Unidos. Un conductor se detiene para prestarle ayuda y usted se da cuenta de que se trata de un delincuente buscado por atraco a mano armada. De repente, un hombre sale de una casa cercana gritando que la explosión ha provocado el parto a su mujer, que está embarazada. Otro hombre pide ayuda mientras lucha por mantenerse a flote en un canal adyacente, en el que ha caído impulsado por la explosión.

Teniendo en cuenta las disposiciones de la Ley de Salud Mental, describa en pocas palabras qué medidas tomaría.

El agente reflexionó un poco, tomó su bolígrafo y escribió: «Me quitaría el uniforme y desaparecería entre el gentío».

Podemos vernos reflejados en esta respuesta. Como cristianos, a menudo es más fácil quitarnos el uniforme y «desaparecer entre el gentío». Pero hemos sido llamados a

permanecer inconfundibles, a mantener nuestra identidad cristiana, independientemente de dónde estemos y de las circunstancias que nos rodean.

El cristiano está llamado a ser una crisálida más que un camaleón. La crisálida es la forma que adopta una oruga durante la metamorfosis, antes de transformarse en una hermosa mariposa. Un camaleón es un reptil que tiene la capacidad de cambiar de color; muchos pueden adquirir tonos verdosos, amarillentos y castaños claros u oscuros. El camaleón cambia de color para camuflarse. Asimismo, los cristianos camaleón se ajustan a su entorno: se sienten bien como cristianos entre otros cristianos, pero están dispuestos a cambiar sus criterios en un entorno que no sea cristiano. Cuenta la leyenda que se hizo un experimento con un camaleón colocándolo sobre un tejido multicolor. El camaleón no pudo resistir la tensión y ¡explotó! Igualmente, los cristianos camaleón experimentan una tensión casi insoportable en sus vidas y, a diferencia de los cristianos crisálida, no llegan a alcanzar todo su potencial.

«¿Un sándwich de pepino, querido hermano?».

Los cristianos no están llamados a camuflarse en su entorno, sino a marcar la diferencia. Ser diferente no significa ser raro. No tenemos que empezar a ponernos ropa extraña o a hablar con un lenguaje religioso peculiar. ¡Podemos ser normales! Una relación de amistad con Dios, a través de Jesucristo, nos debería ayudar a todos nosotros a ser plenamente humanos —exactamente lo que Dios quiso que fuéramos—. En este sentido, cuanto más nos asemejemos a Jesús, más normales seremos. Cuando el filósofo del siglo diecinueve Søren Kierkegaard se hizo cristiano, declaró: «Ahora, con la ayuda de Dios, seré yo mismo».[2]

Cuando seguimos a Cristo, nos liberamos para despojarnos de modelos de conducta y de hábitos que nos perjudican a nosotros y a los demás. Eso significa, por ejemplo, que ya no deberíamos permitirnos criticar a los demás a sus espaldas. Significa que no necesitamos pasar el tiempo gruñendo y quejándonos (si es que antes éramos así). También significa que somos libres para no ajustarnos a los criterios del mundo sobre la moral sexual. Es posible que todo esto suene bastante negativo, pero, en realidad, es todo lo contrario. En vez de criticar a los demás a sus

8

espaldas, deberíamos alentarlos, procurando edificar a los demás continuamente por amor a ellos. En vez de gruñir y quejarnos, deberíamos estar llenos de gratitud y alegría. En vez de incurrir en la inmoralidad sexual, deberíamos demostrar la bendición que supone ajustarse a los criterios de Dios.

Este último ejemplo es un ámbito en el que los cristianos estamos llamados a ser diferentes —algo que muchos encuentran difícil—. En mi experiencia como alguien que habla con frecuencia sobre la fe cristiana, hay un tema que aparece continuamente en las conversaciones sobre el cristianismo: la moral sexual y todo lo que ésta implica. Las preguntas que más se hacen sobre este tema son: «¿Qué pasa con las relaciones sexuales fuera del matrimonio? ¿Tienen algo de malo? ¿En qué parte de la Biblia está eso escrito? ¿Por qué son perjudiciales?».

El criterio de Dios en este ámbito es, como siempre, mucho mejor que cualquier otro. Dios inventó el matrimonio. Él también inventó el sexo. A diferencia de lo que algunos puedan pensar, Dios no baja la vista, escandalizado, diciendo: «Cielo santo, ¿qué se les ocurrirá a continuación?». C. S. Lewis señaló que el placer es una idea de Dios, no del diablo. La Biblia confirma nuestra sexualidad y celebra la intimidad sexual: en el Cantar de los Cantares vemos la alegría, el gozo y la satisfacción que proporciona.

El inventor del sexo también nos dice cómo puede disfrutarse al máximo. El contexto bíblico de la relación sexual es el compromiso de por vida que se da en el matrimonio entre un hombre y una mujer. La doctrina cristiana queda expuesta en Génesis 2,24, y Jesús la cita en Marcos 10,7: «Por eso dejará el hombre a su padre y a su madre, y se unirá a su esposa y los dos llegarán a ser un solo cuerpo». El matrimonio implica el acto público de dejar a los padres y de comprometerse para toda la vida. Implica «unirse» con la otra persona —la palabra hebrea significa, literalmente, 'pegarse'—, no sólo física y biológicamente, sino también emocionalmente, psicológicamente, espiritualmente y socialmente. Éste es el contexto cristiano de la unión en «un solo cuerpo». Además, es designio de Dios que los hijos se críen en un contexto de amor y, por tanto, de compromiso auténtico e inquebrantable. La doctrina bíblica sobre el matrimonio constituye la postura más entusiasta, apasionante y positiva que existe sobre el matrimonio —y probablemente la más romántica—. Es una doctrina que nos presenta el plan perfecto de Dios.

Dios nos advierte de los peligros que hay al salirse de las fronteras que él ha establecido o al ignorar sus instrucciones. El «sexo casual» no existe. Cada acto sexual efectúa una unión en «un solo cuerpo» (1 Corintios 6,13-20). Cuando esta unión se rompe, las personas sufren. Si se pegan dos trozos de cartulina y después se separan, se puede oír cómo se desgarran y se pueden ver pedacitos de uno de los trozos de cartulina adheridos al otro. Igualmente, llegar a ser un solo cuerpo para después separarse, deja cicatrices. Vamos dejando pedacitos de nosotros mismos en relaciones rotas. Si miramos a nuestro alrededor, podemos ver lo que ocurre cuando se ignoran los criterios de Dios. Vemos matrimonios rotos, corazones partidos, hijos que sufren, enfermedades sexuales y vidas que están sumidas en el caos. Por otro lado, en tantos matrimonios cristianos en los que los criterios de Dios se cumplen, vemos la bendición que Dios quiso conceder a la unión sexual y al matrimonio.

Ciertamente, nunca es demasiado tarde. El amor de Dios, a través de Jesús, nos ofrece el perdón, cura las heridas y devuelve la salud a aquellas vidas que habían sido desgarradas. Jesús quiere restablecer la integridad en nuestras vidas y darnos la oportunidad para comenzar de nuevo.

No permitamos, pues, que el mundo nos aprisione en su propio molde. Mostremos al mundo algo muchísimo mejor.

Empezar de nuevo

Pablo dice que tenemos que ser «transformados» (Romanos 12,2). En otras palabras, tenemos que ser como la crisálida que se transforma en una hermosa mariposa. Muchos tienen miedo al cambio en sus vidas: dos orugas que estaban sobre una hoja vieron pasar a una mariposa. Una se volvió a la otra y le dijo: «¡A mí no me meten ni loca en una de ésas!». Tal es nuestro miedo a dejar lo que conocemos.

Dios no nos pide que dejemos nada que sea bueno, pero sí nos pide que nos deshagamos de la basura con la que cargamos. Hasta que no nos libramos de la basura, no podemos disfrutar de las cosas maravillosas que Dios ha reservado para nosotros. Había una mujer que vivía en la calle y que solía deambular por nuestra parroquia. Pedía limosna y reaccionaba violentamente contra los que se la negaban. Estuvo en la calle muchos años cargando siempre con un montón de bolsas de plástico. Cuando murió, yo presidí su funeral. Como no esperaba que nadie viniera, me sorprendió ver a varias personas bien vestidas que asistieron al servicio. Más tarde, descubrí que esa mujer había heredado una gran fortuna. Había adquirido un piso de lujo y muchos cuadros valiosos, pero prefería vivir en la calle con sus bolsas de plástico llenas de basura. No podía resignarse a dejar su estilo de vida y nunca disfrutó de su herencia.

Como cristianos, hemos heredado mucho más —todas

las riquezas de Cristo—. Para disfrutar de estos tesoros, tenemos que dejar la basura que hay en nuestras vidas. Pablo nos exhorta a aborrecer el mal (Romanos 12,9). Eso es lo que debemos dejar atrás.

En los siguientes versículos (Romanos 12,9-21), vislumbramos algunos de los tesoros de los que podemos disfrutar:

El amor debe ser sincero. Aborrezcan el mal; aférrense al bien. Ámense los unos a los otros con amor fraternal, respetándose y honrándose mutuamente. Nunca dejen de ser diligentes; antes bien, sirvan al Señor con el fervor que da el Espíritu. Alégrense en la esperanza, muestren paciencia en el sufrimiento, perseveren en la oración. Ayuden a los hermanos necesitados. Practiquen la hospitalidad.

Bendigan a quienes los persigan; bendigan y no maldigan. Alégrense con los que están alegres; lloren con los que lloran. Vivan en armonía los unos con los otros. No sean arrogantes, sino háganse solidarios con los humildes. No se crean los únicos que saben.

No paguen a nadie mal por mal. Procuren hacer lo bueno delante de todos. Si es posible, y en cuanto dependa de ustedes, vivan en paz con todos. No tomen venganza, hermanos míos, sino dejen el castigo en las manos de Dios, porque está escrito: «Mía es la venganza; yo pagaré», dice el Señor. Antes bien, «si tu enemigo tiene hambre, dale de comer; si tiene sed, dale de beber. Actuando así, harás que se avergüence de su conducta.» No te dejes vencer por el mal; al contrario, vence el mal con el bien.

Tener un amor sincero

En griego, «sincero» significa 'sin hipocresía' o, literalmente, 'sin actuación' o 'sin máscara'. Por lo general, las relaciones en el mundo son muy superficiales. Todos construimos fachadas para protegernos. Cuando vemos que los gobiernos lo hacen, lo llamamos «ocultamiento de la verdad». Cuando lo hacemos nosotros, lo llamamos «imagen»; lo que estamos haciendo es proyectar algo. Ciertamente, yo también hice eso antes de ser cristiano (y, hasta cierto punto, continué haciéndolo después de serlo —aunque no debería haber sido así—). De hecho, me decía: «En realidad no me gusta cómo soy por dentro, así que voy a fingir que soy alguien diferente».

Si los demás hacen lo mismo, entonces tenemos dos «fachadas» o dos «máscaras» que interactúan. Las personas reales nunca llegan a relacionarse. Eso es todo lo contrario al «amor sincero». El amor sincero significa quitarnos la máscara y atrevernos a revelar quiénes somos. Cuando sabemos que Dios nos ama tal y como somos, experimentamos tal libertad que podemos quitarnos la máscara. Eso implica una profundidad y una autenticidad completamente nuevas en nuestras relaciones personales.

Mostrar entusiasmo por Dios

A veces la gente mira con recelo el entusiasmo con el que viven algunos cristianos, pero no hay nada de malo en él. Lo que hay es una alegría y una emoción, un «fervor que da el Espíritu» (v. 11) que manan de nuestra relación con Dios. Esta experiencia inicial de Dios debe permanecer y no desvanecerse.

Algunas personas tienen una experiencia inicial de Cristo

maravillosa. Otras no sienten nada, y otras experimentan grandes dificultades. No obstante, lo importante, en todos los casos, es saber lo que estas personas han progresado en su relación con Dios de aquí a diez años. Ocurre como en un matrimonio: lo más importante es la relación a largo plazo; es menos importante si la luna de miel fue de ensueño o no. Para algunos lo fue, pero para otros, no. Conozco a una pareja que sufrió tales quemaduras solares ¡que ni siquiera pudieron abrazarse durante las dos semanas que duró su luna de miel! No hace mucho, conocí a alguien que me contó que sus abuelos se habían ido de luna de miel en un pequeño barco. En la primera noche, el barco naufragó y tuvieron que saltar al agua, salir del río y tomar un autobús de regreso a casa. No obstante, sesenta y tres años después seguían felizmente casados; eso es lo que importa. Pablo dice: «Nunca dejen de ser diligentes; antes bien, sirvan al Señor con el fervor que da el Espíritu». Cuanto más tiempo hayamos sido cristianos, más entusiasmados tendremos que estar.

Cultivar relaciones armoniosas

Pablo insta a los cristianos a vivir en armonía entre sí y a ser generosos y hospitalarios (v. 13), a perdonar (v. 14), a ser solidarios (v. 15) y a vivir en paz con todos (v. 18). Ésta es una imagen gloriosa de la familia cristiana a la que Dios nos llama, invitándonos a vivir en un ambiente de amor, de alegría, de paciencia, de fidelidad, de generosidad, de hospitalidad, de bendiciones, de gozo, de armonía, de humildad y de paz, en la que el bien no se deja vencer por el mal, sino que, por el contrario, el bien vence al mal. Éstos son algunos de los tesoros que se nos han reservado para cuando dejemos la basura con la que cargamos.

¿Cómo debemos hacerlo?

«Ofreciendo nuestro cuerpo»

Esto requiere un movimiento de la voluntad. Pablo nos exhorta, teniendo en cuenta todo lo que Dios ha hecho por nosotros, a ofrecer nuestro cuerpo «como sacrificio vivo, santo y agradable a Dios» (Romanos 12,1). Dios quiere que ofrezcamos todo nuestro ser y toda nuestra vida.

En primer lugar, ofrecemos nuestro tiempo. El tiempo es nuestra posesión más valiosa y tenemos que entregársela a Dios completamente. Eso no quiere decir que vayamos a pasarnos todo el tiempo en oración o leyendo la Biblia, sino que dejemos que las prioridades de Dios se establezcan en nuestra vida. Es fácil tener las prioridades equivocadas. Un anuncio en un periódico decía: «Agricultor busca chica con tractor con vistas a establecer una relación y, posiblemente, proponer matrimonio. Por favor, enviar foto (del tractor)».

Una de las cosas que ocurre cuando se lo entregamos todo a Dios es que la gente se hace mucho más importante para nosotros que las posesiones. Nuestras prioridades deben ser nuestras relaciones, y nuestra prioridad absoluta, nuestra relación con Dios. Empezar el día leyendo la Biblia y orando siempre influye en el resto del día. Necesitamos reservar tiempo para estar a solas con él. También necesitamos reservar tiempo para estar con otros cristianos —los domingos y, quizá, en alguna reunión a mitad de semana en la que podamos alentarnos mutuamente—.

En segundo lugar, necesitamos confiar nuestras aspiraciones a Dios, diciéndole: «Señor, te confío mis aspiraciones y las pongo en tus manos». Nos pide que busquemos primero su reino y su justicia como nuestra más preciada ilusión y, después, promete satisfacer todas nuestras necesidades (Mateo 6,33). Eso no quiere decir necesariamente que nuestras aspiraciones pasadas desaparezcan; pueden pasar a ser secundarias en relación al plan que Cristo tiene para nosotros. No hay nada de malo en querer tener éxito en nuestro trabajo, siempre que nuestra motivación en todo lo que hagamos sea buscar su reino y su justicia y siempre que utilicemos para mayor gloria de Dios los recursos con los que contamos.

En tercer lugar, necesitamos ofrecerle nuestras posesiones y nuestro dinero. En el Nuevo Testamento no hay nada que prohíba tener propiedades privadas, ganar dinero, ahorrar o, incluso, disfrutar de las cosas buenas de la vida. Lo que sí está prohibido es una acumulación egoísta de posesiones, una obsesión enfermiza por las cosas materiales y poner nuestra confianza en las riquezas. Lo que parece prometernos seguridad nos provoca, en cambio, una inseguridad permanente y nos aleja de Dios (Mateo 6,19-24). Dar con generosidad es la respuesta adecuada a la generosidad de Dios y a las necesidades de los que nos rodean. Es también la mejor manera de romper con el control que el materialismo puede ejercer sobre nuestras vidas.

A continuación, necesitamos entregarle nuestros oídos —¿prestamos atención a habladurías y chismorreos o sintonizamos nuestros oídos para escuchar lo que Dios nos está diciendo por medio de la Biblia, de la oración, de libros, charlas y de otros medios de los que se sirve?—. También le ofrecemos nuestros ojos y lo que miramos a través de ellos. De nuevo, hay cosas que vemos que pueden perjudicarnos debido a los celos que puedan provocar, a la lujuria que puedan encender o a algún otro pecado que puedan desencadenar. Sin embargo, otras cosas que vemos pueden acercarnos más a Dios. En vez de criticar a la gente con la que nos encontramos, deberíamos verla con los ojos de Dios y preguntarnos: «¿Cómo puedo ser una bendición para esta persona?».

Además, tenemos que ofrecerle nuestra boca. El apóstol Santiago nos recuerda lo poderosa que es la lengua (Santiago 3,1-12). ¿Cuántos pueden echar la vista atrás y recordar algo que se les dijo en la escuela o en casa y que influyó negativamente en toda su vida? ¿Usamos nuestra lengua para engañar, maldecir, chismorrear, alardear o para alabar a los demás?

También le ofrecemos nuestras manos. ¿Usamos nuestras manos con violencia y para acumular cosas para nosotros mismos? ¿O las usamos para dar y servir?

Por último, le ofrecemos nuestra sexualidad. ¿La usamos para nuestra propia gratificación o la reservamos para el bien y el placer de nuestro cónyuge?

No podemos ofrecer algunas partes de nuestro cuerpo y reservarnos otras. Pablo dice: «Ofrezcan su cuerpo», es decir, todos y cada uno de nuestros miembros. La paradoja extraordinaria es que cuando le damos todo a Dios, encontramos la libertad. Vivir para nosotros mismos es esclavitud; pero «servirle es la libertad plena» (como se afirma en *El Libro de Oración Común*).[3]

«...como sacrificio vivo»

Hacer todo eso tiene un precio; puede implicar algunos sacrificios. Como el comentarista bíblico William Barclay señala: «Jesús no vino a hacer la vida fácil, sino a hacer a los hombres grandes».[4] Tenemos que estar preparados para ir por el camino de Dios y no por el nuestro. Debemos estar dispuestos a dejar todo lo que sabemos que es malo en nuestras vidas y a poner las cosas en orden donde sea necesario. Tenemos que estar dispuestos a ondear la bandera de Dios en un mundo que puede ser hostil a la fe cristiana.

En muchas partes del mundo, ser cristiano implica la persecución física. En el siglo veinte han muerto más cristianos por su fe que en cualquier otro siglo de la historia. Otros son detenidos y torturados. Los que habitamos en el mundo libre, tenemos el privilegio de vivir en una sociedad en la que los cristianos no son perseguidos. Las críticas y burlas de las que podamos ser objeto no son nada en comparación con el sufrimiento de la iglesia primitiva y de la iglesia perseguida en la actualidad.

Sin embargo, nuestra fe puede exigirnos ciertos sacrificios. Tengo un amigo, por ejemplo, que fue desheredado por sus padres cuando se hizo cristiano. Sé de una pareja que tuvo que vender su casa porque sintieron que, como cristianos, debían dar a conocer a la Hacienda Pública que, a lo largo de los años, no habían sido totalmente honestos en su declaración de la renta.

Tengo un gran amigo que, antes de hacerse cristiano, solía acostarse con su novia. Cuando empezó a interesarse en la fe cristiana, se dio cuenta de que eso tendría que cambiar si aceptaba a Cristo en su vida, por lo que, durante muchos meses, se debatió en una lucha interior. Al final, tanto él como su novia se hicieron cristianos y decidieron que, desde aquel momento, dejarían de acostarse juntos hasta que se casaran. Por varias razones, no se pudieron casar hasta dos años y medio después. Tuvieron que hacer un sacrificio, aunque ellos no lo ven de ese modo: Dios los ha bendecido enormemente con un matrimonio feliz y cuatro hijos maravillosos. Pero en aquel momento tuvieron que pagar un precio.

¿Por qué debemos hacerlo?

Lo que Dios ha planeado para nuestro futuro

Dios nos ama y quiere lo mejor para nuestra vida. Quiere que le confiemos nuestras vidas para que podamos «comprobar cuál es la voluntad de Dios, buena, agradable y perfecta» (Romanos 12,2).

A veces creo que el trabajo fundamental del diablo es transmitir a la gente una imagen falsa de Dios. En hebreo, la palabra Satanás significa 'difamador'. Él difama a Dios, diciéndonos que no es alguien en quien podamos confiar. Nos sugiere que Dios es un aguafiestas que quiere arruinar nuestras vidas. A menudo nos creemos esas mentiras. Pensamos que si confiamos nuestras vidas a nuestro Padre celestial, éste arruinará nuestro goce de vivir. ¿Podríamos imaginarnos a un padre así? Supongamos que uno de mis hijos se me acercara y me dijera: «Papá, quiero ofrecerte este día para hacer lo que tú quieras». Naturalmente, yo no diría: «Perfecto, es algo que he estado esperando desde hace tiempo... ¡Vas a pasarte todo el día encerrado en el armario!».

Es absurdo considerar que Dios nos pueda tratar peor que un padre humano. Nos ama más que cualquier padre humano y sólo quiere lo mejor para nuestras vidas. Su voluntad para nosotros es *buena*. Quiere lo mejor de lo mejor (como todo padre bueno). Su voluntad es *agradable* —le agradará a él y nos agradará a nosotros a largo plazo—. Es *perfecta* —jamás seremos capaces de mejorarla—.

Sin embargo, y por desgracia, lo cierto es que la gente cree a menudo que la *pueden* mejorar. Piensan: «Dios está un poco pasado de moda. No está al tanto del mundo moderno ni de las cosas que nos gustan. Creo que voy a dirigir mi propia vida y a mantener a Dios al margen». Pero nunca podremos hacer las cosas mejor que Dios y muchas veces acabamos por complicarlas más.

A uno de mis hijos le mandaron un trabajo que consistía en hacer un cartel publicitario para un mercado romano de esclavos. Era un proyecto para la escuela y se pasó casi todo el fin de semana haciéndolo. Después de haber hecho el dibujo y de haber escrito el mensaje a modo de inscripción, quiso que pareciera algo de dos mil años de antigüedad. La manera de envejecerlo, según le dijeron, era acercar una llama al papel para que éste se oscureciera. Como ésa era una actividad bastante delicada para un niño de nueve años, mi mujer, Pippa, le ofreció su ayuda —varias veces—, pero no hubo manera de que la aceptara. Insistió en que quería hacerlo solo. El resultado fue que el cartel quedó reducido a cenizas, y que él acabó llorando de frustración y con el orgullo herido.

Algunas personas no quieren ayuda en absoluto, no se fían de Dios, y acaban llorando con bastante frecuencia. Pero Dios siempre nos da otra oportunidad. Mi hijo hizo de nuevo el cartel y, en esta ocasión, confió en Pippa para hacer la delicada operación de envejecimiento. Si confiamos a Dios nuestras vidas, entonces nos mostrará su voluntad —que es buena, agradable y perfecta—.

Lo que Dios ha hecho por nosotros

Los pequeños sacrificios que Dios nos pide hacer no son nada comparados con el sacrificio que Dios hizo por nosotros. C. T. Studd fue capitán de la selección nacional inglesa de críquet en el siglo diecinueve y dejó la riqueza, el bienestar (¡y el críquet!) para servir a Dios en el interior de China. En una ocasión, afirmó: «Si Jesucristo es Dios y murió por mí, no hay nada que yo pueda hacer por él que sea demasiado difícil».[5] El autor de la carta a los Hebreos nos alienta con las siguientes palabras: «Corramos con perseverancia la carrera que tenemos por delante. Fijemos la mirada en Jesús, el iniciador y perfeccionador de nuestra fe, quien por el gozo que le esperaba, soportó la cruz, menospreciando la vergüenza que ella significaba, y ahora está sentado a la derecha del trono de Dios» (Hebreos 12,1-2).

Al fijar la mirada en Jesús, el hijo de Dios, quien «soportó la cruz», vemos lo mucho que Dios nos ama. Es absurdo no fiarse de él. Si Dios nos ama tanto, podemos estar seguros de que no nos privará de lo que es bueno. Pablo escribió: «El que no escatimó ni a su propio Hijo, sino que lo entregó por todos nosotros, ¿cómo no habrá de darnos generosamente, junto con él, todas las cosas?» (Romanos 8,32). Nuestra motivación para vivir la vida cristiana es el amor del Padre. Nuestro modelo en la vida es el ejemplo del Hijo. El medio por el que podemos vivir esta vida es el poder del Espíritu Santo.

Qué grande es Dios y qué gran privilegio es estar en relación con él, ser amados por él y servirle toda nuestra vida. Es la mejor manera de vivir, la más gratificante, la más satisfactoria y la más significativa. Ciertamente, es aquí donde encontramos las respuestas a las grandes preguntas de la vida.

Notas

1. James T. Boulton (ed.), *The Selected Letters of D. H. Lawrence* (Cambridge University Press, 2000), p. 396.
2. Søren Kierkegaard, *Papers and Journals*, ed Alastair Hannay (Penguin Classics, 1996), p.295.
3. N. del T.: *El Libro de Oración Común* es el libro que contiene la administración de los sacramentos y otros ritos y ceremonias de la iglesia Anglicana.
4. William Barclay, *The Parables of Jesus* (Westminster John Knox Press, 1999), p. 221.
5. Norman P. Grubb, *C. T. Studd, Cricketer and Pioneer* (CLC, 1985), p. 141. Hay traducción española: *C. T. Studd, deportista y misionero* (Centros de Literatura Cristiana, 2004).

LIBROS PUBLICADOS POR ALPHA

Títulos disponibles en español:

¿Por qué Jesús? Este folleto de evangelización escrito por Nicky Gumbel corresponde al segundo y tercer tema de Alpha: «¿Quién es Jesús?» y «¿Por qué murió Jesús?». Se usa idealmente como obsequio para los invitados al inicio de Alpha y su lectura es recomendada a todos los participantes. En palabras de Michael Green, es «la presentación de Jesús más clara, desafiante y mejor ilustrada que conozco».

¿Por qué la Navidad? Es la edición navideña de *¿Por qué Jesús?* y es ideal para regalar a todo aquel que viene a la iglesia durante el tiempo navideño. Es, además, el recurso perfecto para promover Alpha en Navidad.

¿Por qué la Pascua? Es la edición de Pascua de ¿por qué Jesús? Se centra en la resurrección de Cristo y es ideal como un regalo gratuito de la iglesia durante la temporada de Pascua.

Temas candentes. Este libro contiene las respuestas que Nicky Gumbel da a las siete preguntas más frecuentes que hacen los participantes en Alpha. *Temas candentes* es para quienes buscan explicaciones a algunas de las preguntas más difíciles y complejas del cristianismo, tales como el sufrimiento, las otras religiones, el sexo antes del matrimonio, etc. Este libro también es para quienes están interesados en hablar a sus conocidos, familiares y amigos sobre Jesucristo. Contiene muchas respuestas útiles, tanto para quienes quieren usarlo como lectura personal, como para quienes lo necesitan como material de referencia para el diálogo en los grupos pequeños.

La fe que vence al mundo. «En junio de 2005, fue un gran privilegio recibir la visita del P. Raniero Cantalamessa, quien inauguró nuestra Conferencia Internacional de Alpha. Su discurso en esa ocasión, "La fe que vence al mundo", ha sido una inspiración para todos los que participamos en Alpha y le estamos enormemente agradecidos por permitirnos publicarla en este folleto» (Nicky Gumbel).

Él y Ella: Cómo establecer una relación duradera. Este libro best-seller por Nicky y Sila Lee es una lectura esencial para cualquier casados o novios. Actualizado y revisado.

El libro para padres de familia. Basándose en su experiencia personal, Nicky y Sila Lee aportan nuevas ideas y tiempo-probados valores para la tarea de criar a sus hijos. Lleno de valiosos consejos y consejos prácticos, el libro sobre la crianza de los hijos es un recurso para los padres a volver una y otra vez.

Si quieres saber más sobre Alpha, contacta:

La oficina de Alpha International
Alpha International
Holy Trinity Brompton
Brompton Road
Londres SW7 1JA
Reino Unido
e-mail: info@alpha.org
alpha.org

En las Américas
Alpha América Latina y el Caribe
e-mail: latinoamerica@alpha.org
e-mail: recursos@alpha.org
alpha.org/Latinoamérica

Alpha Argentina
e-mail: oficina@alpha.org.ar
alpha.org.ar

Alpha Colombia
e-mail: oficina@alphacolombia.org
alpha.org/colombia

Alpha Costa Rica
e-mail: latinoamerica@alpha.org
alpha.org/latinoamerica

Alpha México
e-mail: oficinamexico@alpha.org.mx
alpha.org/mexico

Alpha EE.UU.
e-mail: questions@alphausa.org
alphausa.org

En Canadá
Alpha Canadá
e-mail: office@alphacanada.org
alphacanada.org

En España y Europa
Alpha España
e-mail: info@cursoalpha.es
alpha.org/espana